FRISCH

und

FEIN

BITTE ZU TISCH!

Auf den
folgenden
Seiten
erwartet Sie
Frisches
und Feines

Laie

Anfänger

★ ★ ★
Hobbykoch

ALLEM WARTEN WOHNT EIN ZAUBER INNE

Unser Gaumen trügt nicht: Frische schmeckt man einfach! Gesund ist sie ganz nebenbei, denn saisonale Lebensmittel enthalten viel mehr Vitamine und Nährstoffe als Produkte, die längere Zeit gelagert werden mussten oder eine weite Anreise auf dem Weg in Ihre Küche hinter sich haben.

Von der Belastung unserer Umwelt ganz abgesehen, tun Sie nicht nur Ihrem Körper etwas Gutes, meist freut sich auch Ihre Brieftasche, wenn Sie mit Ihrer Ernährung dem Lauf der Natur folgen.

Nun, die Versuchung ist groß, denn fast jedes Obst oder Gemüse kann man heutzutage das ganze Jahr über kaufen. Aber sind es nicht gerade diese kostbaren Momente, die das Warten lohnenswert machen? Der erste Spargel aus der Region, Radieschen, die nicht nur nach Wasser schmecken, oder die ersten Ribiseln aus heimischer Ernte … mmmhm. Frisch schmeckt einfach fein!

Die Rezepte sind, wenn nicht anders angegeben,
für vier Personen berechnet.

Salat

★ ★ ☆
Anfänger

WINTERLICHER CHINAKOHL MIT ORANGE

15 Min

Zutaten:

1 mittelgroßer Chinakohl
1-2 Orangen
½ rote Zwiebel
1 Handvoll Walnüsse, gehackt

für das Dressing:

4 EL Olivenöl
Saft der Orangen
2 EL Weinessig
1 TL Staubzucker
Salz, Pfeffer

Die Zwiebel in dünne Streifen schneiden, salzen und mit dem Essig durchziehen lassen. Den Chinakohl halbieren und ebenfalls in dünne Streifen schneiden.

Die Orangen filetieren: Dazu die Frucht flott mit einem scharfen Messer schälen und dabei die weiße Haut entfernen. Filets entlang der Zwischenhäutchen herausschneiden und den Saft dabei in einer Schüssel auffangen.

Die restlichen Zutaten des Dressings mit dem Orangensaft gut verquirlen und mit dem Salat mischen. Wenn möglich, 5-10 Minuten ziehen lassen, damit der Chinakohl etwas weicher wird. Orangenfilets, Zwiebel und Walnüsse daruntermischen und servieren.

★ ★ ☆
Anfänger

KNACKIGER RADICCHIO
MIT FEIGE
UND ROTER RÜBE

15 Min

+ Kochzeit für die Roten Rüben

Zutaten:

2-3 Häuptel Radicchio, Treviso und/oder Chicorée
2-3 kleine Rote Rüben
2-4 Feigen
etwas Olivenöl und Aceto balsamico

für das Pesto:

1 Handvoll Blätter der Roten Rüben
(oder Sauerampfer oder Spinat)
2 EL geriebene Haselnüsse
120 ml Olivenöl
abgeriebene Schale und Saft einer Bio-Zitrone
Salz, Pfeffer

Die Roten Rüben kochen, schälen, auskühlen lassen und in Scheiben schneiden. Die Feigen je nach Größe vierteln oder halbieren.

Die Zutaten des Pestos im Mixer fein pürieren und abschmecken.

Die Salate in sowohl dekorative als auch mundgerechte Stücke teilen, mit den weiteren Zutaten anrichten. Das Pesto sowie etwas Olivenöl und Aceto balsamico darüberträufeln.

Ich mische gerne unterschiedliche Salatsorten – nicht nur wegen des Geschmacks, sondern auch wegen der unterschiedlichen Konsistenz. Gerade in der kalten Jahreszeit eignen sich Radicchio, Treviso, Endivie oder Chicorée, aber auch so manche Wildkräuter. Der doch eher bittere Geschmack der Wintersalate wird durch Früchte und Nüsse runder.

GESUNDBRUNNEN

Bekanntermaßen enthalten Salatsorten jede Menge Vitamine;
die meisten verfügen darüber hinaus über einen hohen
Eisengehalt. Deshalb sollte ein Salat eigentlich bei
keiner Mahlzeit fehlen. Keine große Sache, denn es gibt
kaum ein Lebensmittel, das man vielseitiger zum Einsatz
bringen kann als diese köstlichen Blätter.

Neben den klassische Kopfsalaten wie Grüner oder Häuptel-
salat, Endivie, Radicchio, Chicorée, Bologneser, Grazer
Krauthäuptel, Lollo Rosso und Bionda, Batavia, Eichblatt-
salat, Romanasalat u. v. m. sind es gerade die Pflück-
salate, die in letzter Zeit an Beliebtheit gewonnen haben
- zum Beispiel Rucola, Vogerlsalat, Portulak, Kresse und
viele, viele mehr.

Neben jungem Spinat, Blättern der Rote Rübe, Schnittman-
gold haben es darüber hinaus viele vermeintliche Un- oder
Wildkräuter verdient, in die Salatschüssel zu wandern:
Vogelmiere, Löwenzahn, Gänseblümchen, Fette Henne (Sedum),
Grüner Heinrich, Giersch, Sauerklee, ... Probieren Sie
öfter Neues!

Kaum ein anderes Lebensmittel profitiert mehr von einem
möglichst kurzen Weg vom Beet zum Teller. Deshalb versu-
chen Sie einmal, Salat auch im Balkonkisterl oder Blumen-
topf anzubauen, wenn Sie keinen Garten haben.

Muntermacher:
Nicht mehr ganz taufrische Blätter werden in lauwarmem
(nicht etwa eiskaltem!) Wasser wieder knackig. Wenn sie
den Turnaround nicht schaffen, dann sind sie etwa in einem
Omelett, in einer Frittata oder auch in einer Suppe gut
aufgehoben.

Radieschen

RADI UND CO.

GENÜSSLICHE
BALSAMICO-RADIESCHEN

Zutaten:

★ ★ ☆
Anfänger

2 Bund Radieschen
1-2 EL Butter
3-4 EL Aceto balsamico
Salz, Pfeffer

15 Min

Die Radieschen zuputzen und je nach Größe ganz lassen, halbieren oder vierteln. Die Butter in einer beschichteten Pfanne zerlassen, die Radieschen darin anschwitzen, salzen und pfeffern. Mit dem Aceto balsamico ablöschen und bei niedriger Hitze etwa 10 Minuten weichdünsten.

Die Farbe der Schale wandert langsam ins Innere der Radieschen, sodass diese eher rosa werden. Der Geschmack wird Sie überraschen, denn die Verwandtschaft zur Rübe wird bei dieser Zubereitung offensichtlich.

Diese einfache, aber ungewöhnliche Beilage passt hervorragend zu Schmorgerichten, aber auch zu gebratenem Fleisch. Sie können die Radieschen aber auch etwas überkühlen lassen und auf einem Blattsalat anrichten.

★ ☆ ☆
Laie

CREMIGER
<u>RADI</u>-SALAT
MIT GURKE

10 Min

Zutaten:

½ Bierradi
1 kleine Gurke
⅛ l Joghurt
⅛ l Sauerrahm
2 EL Zitronensaft
2 EL Olivenöl
Salz, Pfeffer
Schnittlauch, Borretsch oder Dille

Die Gurke waschen, der Länge nach halbieren und mit einem Kaffeelöffel entkernen. Den Radi und die Gurke hobeln oder raspeln.

Aus Joghurt, Rahm, Zitronensaft und Olivenöl ein Dressing rühren, beherzt salzen und pfeffern. Alles vermischen und mit Kräutern servieren.

Wenn ich Speisen zubereite, die farblich eher blass oder eintönig sind, dann gebe ich neben frischen Kräutern auch gerne ein paar Blüten von der Wiese, vom Balkonkisterl oder aus dem Garten dazu. Das macht sich nicht nur hübsch, sondern wirkt auch gleich ein wenig interessanter.

Es gibt ganz viele essbare Blumen, die sich hervorragend eignen: Gänseblümchen, Schnittlauchblüten, die abgezupften Blütenblätter von Löwenzahn, Klee oder Ringelblume, Geranien-, Lavendel-, Minze-, Thymian- oder Salbeiblüten – oder natürlich die Klassiker unter den Speiseblüten: Kapuzinerkresse oder Borretsch (wie auf dem Bild).

RUSTIKALER RETTICH-KÄFERBOHNEN-SALAT

Zutaten:

¼ kg Käferbohnen
1 schwarzer Rettich
3 EL Weinessig
4-6 EL Kürbiskernöl
Salz, Pfeffer
Schnittlauch

★ ☆ ☆
Laie

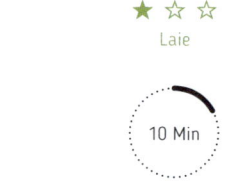

10 Min

+ 30 Minuten Kochzeit
(zzgl. Einweichzeit für die Bohnen)

Die Käferbohnen in etwa der drei- bis vierfachen Menge Wasser über Nacht einweichen. Die Bohnen gut mit kaltem Leitungswasser abspülen und kochen, bis sie weich sind. Das dauert etwa eine halbe Stunde. Selbstverständlich kann man bereits gekochte Käferbohnen verwenden.

Den Rettich gut waschen und raspeln. Beide Zutaten mit Salz und Pfeffer würzen und mit Essig und Kernöl vermischen.

Als ich diesen Salat zum ersten Mal für eine Jause am nächsten Tag plante, hatte ich viel zu viele Bohnen gekocht. Meine Familie war für weitere Bohnensalate nicht zu begeistern, weshalb ich die Gelegenheit nutzte, um etwas herumzuprobieren. Ergebnis des Experimentierens war ein köstlicher Hummus: Die Bohnen pürieren, mit Salz, etwas Piment d'Espelette oder Chili sowie Kreuzkümmel und Olivenöl würzen, ein Spritzer Aceto balsamico dazu – einfach köstlich!

PRAKTISCHER <u>RETTICH-</u> HUSTENSAFT

★ ☆ ☆
Laie

5 Min

<u>Zutaten:</u>

1 schwarzer Rettich
2-3 EL Kandiszucker

Vom Rettich den oberen Teil abschneiden, aushöhlen und unten ein Loch bohren. Mit Kandiszucker füllen und auf ein Glas setzen. Ruhen lassen, bis sich der Zucker auflöst – fertig! Den Hustensaft mehrmals täglich löffelweise einnehmen. (Leider nicht für Diabetiker geeignet.)

JAUSENSASSA

Echt scharf

Die vielen verschiedenen Rettichsorten wie der klassische
Bierradi, Eiszapfen, Radieschen oder der schwarze Rettich
erfreuen uns mit ihrem herb-scharfen bis buttrigen Geschmack.

Die Rettich-Schärfe entsteht durch das schwefelhaltige Öl
Raphanol sowie Senfölglykoside, die für seine antibakte-
rielle Wirkung verantwortlich zeichnen. Im Rettich enthal-
tene Bitterstoffe wirken antibiotisch, galletreibend und
schleimlösend.

Sooo gesund

Seit Jahrhunderten werden der Rettich und seine Verwandten
als wirksame Medizin gegen Gicht, Rheuma, Husten und Hei-
serkeit eingesetzt. Ein ganzer Rettich kann den Tagesbedarf
an Vitamin C eines Erwachsenen abdecken – und enthält dabei
extrem wenig Kalorien (nur 14 kcal auf 100 Gramm). Außerdem
liefert er Kalium, Natrium, Magnesium, Kalzium, Phosphor,
Eisen und wertvolle Enzyme.

Nahe am Wasser gebaut

In Stäbchen oder Blättchen geschnitten, geraspelt oder ge-
hachelt – sobald der Rettich oder die Radieschen eingesal-
zen werden, beginnen diese „zu weinen" und verlieren ihre
Schärfe.

Spargel

★ ★ ★
Hobbykoch

ZARTES
SPARGEL-RISOTTO

30 Min

Zutaten:

8-12 Stangen weißer oder grüner Spargel
1 Schalotte (oder kleine Zwiebel)
2 EL Olivenöl
35 dag Arborio-Reis (oder anderer Risotto-Reis)
1 dl Vermouth (oder Weißwein)
1 EL Butter
3 EL geriebener Parmesan
1 EL Zitronensaft
Zucker, Salz, Pfeffer

Grünspargel im unteren Drittel, weißen Spargel bis unter die Spitze schälen. In mundgerechte Stücke (schräg) schneiden. In einem Kochtopf 1-1½ Liter Wasser zum Kochen bringen, großzügig salzen und 1 EL Zucker hinzufügen. Je nach Dicke des Spargels 3-6 Minuten bissfest kochen, die Spitzen etwas später hinzufügen, da sie schneller gar werden. Abgießen und den Spargelfond auffangen, das Gemüse abschrecken.

Die fein gehackte Schalotte im Olivenöl anschwitzen, den Reis hinzufügen, salzen und etwas glasig rösten. Mit dem Vermouth ablöschen – kurz innehalten und diesen köstlichen Duft schnuppern! Schon alleine deshalb mache ich so gerne Risotto, um diesen Moment zu genießen.

Mit einem Holzkochlöffel kräftig rühren und stetig mit dem heißen Spargelfond aufgießen. Je nach Reissorte dauert dies 16-20 Minuten. Kurz vor dem Ende die Spargelenden hinzufügen und weiterrühren. Mit Butter montieren, den Parmesan unterheben und mit etwas Zitronensaft würzen. Mit den Spargelspitzen garnieren und – je nach Gusto – kräftig pfeffern.

Tipp: Kochen Sie auch die (sauberen) Spargelschalen mit, das intensiviert den Geschmack des Fonds.

★ ★ ☆
Anfänger

SÜSSLICH-HERBER
OFEN-SPARGEL

20 Min

Zutaten:

12-16 Stangen grüner Spargel
3 EL Olivenöl
1 EL Butter
3 dag gehobelte Mandeln
2 EL kleine Kapern
Salz, Pfeffer, Fleur de Sel oder Meersalz

Das untere Drittel des Spargels schälen und die Enden abschneiden. Die Spargelstangen mit 1-2 EL Olivenöl, großzügig Salz und Pfeffer vermischen und auf einem mit Backpapier bedeckten Blech verteilen. Im vorgeheizten Backrohr bei 200 °C je nach Dicke der Stangen 8-12 Minuten backen.

Währenddessen die Mandelblättchen bei mittlerer Hitze in Butter bräunen. Die Mandeln zur Seite stellen und in derselben Pfanne 1-2 EL Olivenöl erhitzen, die Kapern hinzufügen und unter ständigem Rühren knusprig braten.

Den Spargel auf einer Platte anrichten, Mandeln und Kapern (ohne Bratfett) darüber verteilen und mit etwas Fleur de Sel bestreuen. Passt hervorragend als Beilage zu Lammfleisch oder allerlei Gegrilltem. Veganer ersetzen die Butter durch Öl und servieren das Gericht mit frischen Kartofferln.

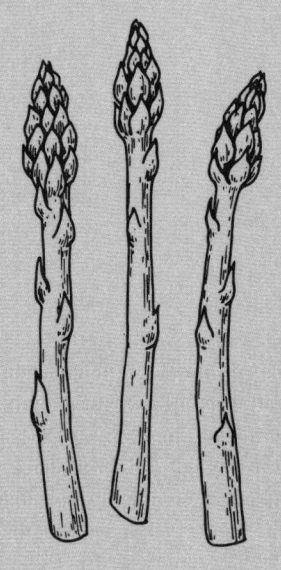

KAISERLICHER SPROSS

Die Spargelpflanze ist ein Liliengewächs, dessen etwa 20 cm unter der Erdoberfläche liegendes Wurzelrhizom überwintert und jedes Jahr ab etwa Ende April wieder austreibt. Diese Triebe (asp(h)áragos, griechisch für „junger Trieb") werden als Gemüsespargel geerntet. Am Ende der Spargelsaison, meist zu Johanni (24. Juni), dürfen die Pflanzen auswachsen, um Kräfte für die nächste Saison zu sammeln.

Bereits die alten Ägypter kannten dieses feine Gemüse, jedoch begannen es erst die Römer in Europa zu kultivieren. Ludwig XIV. und nach ihm dem pfälzischen Kurfürsten Karl Ludwig hatte es der Spargel besonders angetan – und tatsächlich blieb aus dieser Zeit das deutsche Schwetzingen als Hochburg des Spargels erhalten.

Unglaublich, aber wahr
Spargel wird bei unseren deutschen Nachbarn auf knapp einem Fünftel (!) der gesamten Gemüseanbaufläche kultiviert. Kein anderes Gemüse beansprucht mehr Platz.

Weiß oder grün?
Der sogenannte Bleichspargel gedeiht unter der Erde, die extra angehäufelt wird, um dessen Färbung zu verhindern. Der grüne gedeiht oberirdisch und schmeckt „gemüsiger".

Gesundbrunnen
Der Spargel ist besonders kalorienarm und besteht zu 93 % aus Wasser. Neben seiner entwässernd wirkenden Asparaginsäure enthält er viele Vitamine, Mineralstoffe und Folsäure.

Brokkoli

★ ★ ☆
Anfänger

PIKANTER
BROKKOLI

15 Min

Zutaten:

1 großer Brokkoli
10 Sardellen
6 EL Olivenöl
½ Bio-Zitrone
2 EL Sonnenblumenkerne
Salz, Pfeffer

Sardellen hacken, im Olivenöl schmelzen und zur Seite stellen. Die Sonnenblumenkerne ohne Fett in einer beschichteten Pfanne etwas anrösten.

Den Brokkoli in kleine Röschen teilen und in einem Topf mit kochendem
Salzwasser etwa 3 Minuten blanchieren. Mit dem Sardellenöl vermischen,
Zitronenschale darüberreiben und anrichten. Die Sardellen sorgen üblicher-
weise für genug Salz, deshalb probieren und nur bei Bedarf nachsalzen.
Mit Zitronensaft beträufeln, mit frisch gemahlenem Pfeffer würzen und die
Sonnenblumenkerne darauf verteilen.

Nun, der Brokkoli-Fanclub ist zumindest in meiner Familie sehr
überschaubar. Mit dieser Zubereitung konnte ich jedoch sogar unsere
Skeptiker überzeugen. Ich serviere ihn als Beilage zu Gebratenem
oder Gegrilltem, aber auch gern zu Erdäpfel Wedges.

★ ☆ ☆
Laie

G'SCHWINDE
BROKKOLI-PASTA
MIT FETA

15 Min

Zutaten:

30 dag Penne, Gnocchetti oder Orecchiette
1 großer Brokkoli
30 dag Feta
2-3 EL Olivenöl
Salz, Pfeffer, Oregano

Den Brokkoli in kleine Röschen teilen. Die Pasta lt. Packungsangabe al dente kochen und in den letzten 3 Minuten den Brokkoli mit den Nudeln mitkochen.

Pasta und Gemüse abgießen, in eine große Schüssel geben, salzen und pfeffern. Mit dem grob zerteilten Feta, gerebeltem Oregano und dem Olivenöl vermischen. Schon ist alles fertig.

Meine Buben lieben es besonders, wenn ich das Gericht mit jeder Menge gebratener Speckkrusteln garniere. Damit ist dieses schnelle Gericht in die Kategorie „Bitte, Mama, das kannst du jede Woche machen!" avanciert.

Diesem Wunsch folge ich gerne – und verarbeite nebenher auch einige andere Gemüse wie Zucchini, Champignons oder Spinatblätter. Der würzige Käse und der krosse Speck sind eine tolle Kombination für ein – na ja, zumindest ansatzweise! – fleischloses Wochentagsessen.

★ ★ ☆
Anfänger

SOMMERLICHE
MINESTRONE
MIT <u>BROKKOLI</u>

15 Min

1 kleiner bzw. ½ Brokkoli
½ Kohlrabi
1 Bund Frühlingszwiebeln
2 Knoblauchzehen
1 Handvoll Babyspinat
15 dag Erbsen
2 EL Butter
1 l Gemüsebrühe
20 dag Orecchiette
4 EL geriebener Parmesan
Salz, Pfeffer

Den Brokkoli in ganz kleine Röschen teilen, den Strunk schälen und in Scheiben schneiden. Den Kohlrabi abziehen und in kleine Würfel schneiden. Die Frühlingszwiebeln in Ringe schneiden und den Knoblauch in Scheiben. Beides in einem Suppentopf in Butter anschwitzen. Den Kohlrabi hinzufügen, kräftig salzen und 2-3 Minuten bei niedriger Hitze anlaufen lassen. Mit ca. 1 Liter Gemüsebrühe aufgießen und alles etwa 5 Minuten köcheln lassen. Erbsen und Brokkoli hinzufügen und noch einmal 3 Minuten garen.

Die Pasta nach Packungsangabe al dente kochen, abgießen und gemeinsam mit dem Spinat zur Suppe geben. Mit Salz und Pfeffer abschmecken. Großzügig mit Parmesan bestreuen.

Für Minestrone nehme ich kleine Pastasorten wie Mini Pipe rigate, Mini Penne, Orecchiette oder Gnocchetti. Meist koche ich davon gleich etwas mehr, damit ich für den nächsten Tag einen Nudelsalat als Jause für die Kinder zubereiten kann.

POPEYE`S CHOICE

Ursprünglich aus Kleinasien stammend, war der Brokkoli zunächst nur in Italien bekannt, später in Frankreich und
England. Sein Name „il broccolo" verweist auf seine Her-
kunftsfamilie, die Kohlgewächse, denn er war ursprünglich
eine Bezeichnung für Kohlsprossen. Er wurde auch Bröckel-,
Spargel-, Winterblumen- oder Sprossenkohl genannt.

Mit dem Karfiol ist er eng verwandt – und ebenso ein Wunder-
wuzzi in Sachen Gesundheit: Ein hoher Vitamin-Gehalt, jede
Menge Mineralstoffe und sekundäre Pflanzenstoffe machen ihn
zu einem heimischen Superfood, das nicht nur das Immunsystem
stärkt, sondern auch eine krebshemmende Wirkung haben soll.

Genießen sollten Sie Brokkoli sowohl roh als auch gegart.
Beim Kochen, Dünsten, Dampfgaren oder Braten achten Sie unbe-
dingt auf eine kurze Garzeit, damit weder die wertvollen Inhaltsstoffe noch der feine Geschmack auf der Strecke bleiben.
Die herrlich leuchtend grüne Farbe bleibt erhalten, wenn Sie
ihn nach dem Blanchieren (3-4 Minuten reichen) kalt abschrecken bzw. sofort verzehren.

Oft kommen vom Brokkoli nur die Röschen in der Küche zum
Einsatz, dabei sind sowohl Strunk als auch Blätter köstlich.
Beides kann gekocht oder roh verwendet werden. Der Strunk
schmeckt ähnlich wie Kohlrabi und ist ein köstlich-gesunder
Snack für zwischendurch.

Kürbis

★ ☆ ☆
Laie

HERZHAFTER OFEN-KÜRBIS

10 Min

+ Backzeit

Zutaten:

½–¾ kg Kürbis (Hokkaido oder Butternuss)
15 dag Bauchspeck (oder Lardo bzw. Kübelspeck)
4 EL Olivenöl
einige Salbeiblätter
Salz, Pfeffer

Ein Backblech mit Backpapier auslegen. Den Kürbis in Spalten schneiden und entkernen. Hokkaido und Butternuss muss man nicht schälen, das erleichtert die Arbeit gleich enorm. Die Kürbisstücke mit 2-3 EL Olivenöl, Salz und Pfeffer marinieren, aufs Blech legen und im vorgeheizten Rohr bei 200 °C etwa 20 Minuten backen.

Das Blech aus dem Rohr nehmen, den Speck auf die Kürbisstücke legen und für weitere 10 Minuten ins Rohr schieben. Salbeiblätter mit etwas Olivenöl marinieren, auf den Kürbisstücken verteilen und noch einmal 1-2 Minuten backen.

Das sieht so g'schmackig aus, dass ich es gerne direkt auf dem Blech serviere – entweder als Vorspeise mit etwas getoastetem Schwarzbrot oder als Beilage zu Fleischgerichten (gegrillt, geschmort oder gebraten).

Eine etwas gewagtere Variante ist, den Speck durch Ölsardinen zu ersetzen. Dann braucht es keinen Salbei, und als zusätzliche Backzeit mit dem Fisch reichen etwa 5 Minuten, dabei die Temperatur auf 160 °C reduzieren. Das salzige Aroma harmoniert ganz hervorragend mit der Süße des Kürbis.

★ ★ ☆
Anfänger

HERBSTLICHE
KÜRBIS-LINGUINE
MIT LIEBSTÖCKEL-PESTO

30 Min

Zutaten:

½ kg Kürbis
1 Schalotte oder kleine Zwiebel
2 EL Butter
4 cl Vermouth, Sherry oder Weißwein
40 dag Linguine (oder Spaghetti)
Salz, Pfeffer, Muskatnuss

für das Pesto:

1 Handvoll Liebstöckel
5 dag Kürbiskerne
1 EL Pecorino (oder Parmesan)
120 ml Kürbiskernöl
Salz

Klein gehackte Schalotte in Butter glasig anschwitzen. Kürbis entkernen, würfeln und zu den Zwiebeln geben. Salzen, mit etwas Muskatnuss und Pfeffer würzen. Kurz anbraten, mit Vermouth ablöschen und zugedeckt ca. 10–15 Minuten dünsten.

Liebstöckel grob hacken und gemeinsam mit den anderen Zutaten im Standmixer pürieren. Wenn Sie keinen Liebstöckel zur Hand haben, verwenden Sie Petersilie und fügen Sie ein paar Salbeiblätter hinzu.

Linguine lt. Packungsangabe al dente kochen. Währenddessen das Kürbisgemüse mit dem Pürierstab ganz fein pürieren und abschmecken. Wenn die Sauce zu dickflüssig ist, etwas Kochwasser von den Nudeln hinzufügen. Die Kürbiscreme mit der Pasta vermischen, mit Pesto und eventuell ein paar gebratenen Kürbiskernen anrichten.

SÜSSES ODER SAURES

Der Kürbis ist tatsächlich ein waschechter Amerikaner:
Im Süden der Vereinigten Staaten, in Mexiko sowie in Süd-
und Mittelamerika wurde er als Speisegemüse gezüchtet,
wobei ursprünglich in erster Linie die sehr nahrhaften
Samen genützt wurden.

Durch Verbreitung des Halloween-Brauchs ist seine Verwendung nicht nur als Dekoration, sondern auch in der Küche
bei uns sehr populär geworden. Praktischerweise kann man
ihn tatsächlich sowohl für süße als auch saure Gerichte
gleichermaßen verwenden. Das hat sein Gutes, denn der
Kürbis ist sehr vitaminreich (vor allem Vitamin A und C)
und enthält viele Ballaststoffe.

Die Kerne übertreffen das Fleisch noch bei weitem:
Ein hoher Magnesiumgehalt, viel Vitamin E und weitere
Inhaltsstoffe sind in der Pflanzenheilkunde willkommen.
Bei Blasenproblemen, Prostatabeschwerden bis hin zu
Nierensteinen finden sie Anwendung.

Das Kernöl wird als „Schwarzes Gold" geschätzt und hat -
von der Steiermark ausgehend - inzwischen seinen Siegeszug
in der österreichischen Küche angetreten.

Botanisch betrachtet ist der Kürbis eine Beere – und
zwar gleich eine der größten der Welt. Es gibt sogar eigene
Meisterschaften, bei welchen ein Exemplar mit einem Gewicht
von über einer Tonne (!) als Gewinner hervorging.

Kohlrabi

KOHLRÜBE, RÜBKOHL

★ ☆ ☆
Laie

ORIENTALISCHER
KOHLRABI-SALAT

15 Min

Zutaten:

2 kleine Kohlrabi
150 ml griechisches Joghurt
2 EL Naturjoghurt
1 Knoblauchzehe
2-3 EL Olivenöl
2 EL frische Minze, fein gehackt
1 EL Zitronensaft
1 Handvoll Brunnenkresse oder Rucola
Salz, Pfeffer, gemahlener Sumach

Die Kohlrabi abziehen (nicht schälen!) und in Stifte schneiden. Den Knoblauch zerdrücken und mindestens 10 Minuten im Olivenöl ziehen lassen. (Wenn Sie Zeit haben, können Sie das Knoblauchöl schon eine Stunde vorher zubereiten).

Das Knoblauchöl abseihen und mit Joghurt, Zitronensaft, Salz, Pfeffer und der Minze verrühren. Das Dressing mit dem Kohlrabi mischen. Mit etwas Brunnenkresse, Blutampfer, Rucola (oder anderen Salatblättern) anrichten und mit ein paar klein gehackten Kohlrabiblättern sowie Sumach bestreuen.

Sumach ist ein Gewürz aus der orientalischen Küche, das Speisen eine säuerlich-fruchtige Note verleiht - eine feine Sache! Es wird aus den dunkelroten Früchten des Färberbaums gewonnen und hat eine leicht verdauungsfördernde Wirkung.

★ ☆ ☆
Laie

BUNTE
KOHLRABI-BOWL
MIT ALLERHAND DRIN

10 Min

½ Kohlrabi
1 Karotte
einige Salatblätter
1-2 Paradeiser
3 EL gekochter Reis (bzw. Quinoa oder Couscous) vom Vortag
Petersilie, Kresse oder Schnittlauch
1-2 EL Weinessig
2-3 EL Olivenöl
geriebene Muskatnuss, Salz, Pfeffer

Den Kohlrabi abziehen und in Scheiben schneiden. Karotten, Paradeiser in gefällige Stücke schneiden, ebenso den Salat. Selbstverständlich können Sie auch andere Gemüse oder Obst (Äpfel, Birnen, Pfirsiche) verwenden, denn so eine Bowl ist ein praktisches Restlessen.

Kräuter fein hacken und unter den Reis mischen. Wenn Sie keine Getreidereste haben, macht ein hart gekochtes Ei, ein großzügiger EL Hummus oder Topfen die Speise gehaltvoll und sättigend.

Essig, Öl und die Gewürze zu einem Dressing verrühren und über die Bowl träufeln. Mit gehackten Kohlrabiblättern bestreuen.

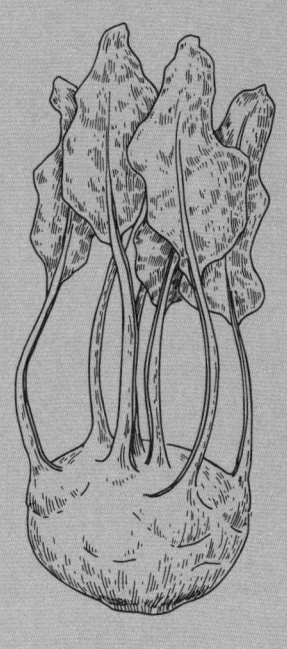

TOLLE KNOLLE

Im Gegensatz zu anderen Rüben wächst die Kohlrübe nicht
unter der Erde, sondern als sogenannte „Oberrübe".

Wie der Name schon sagt, gehört sie zu den Kohlgewächsen,
was mit einer ebenso gesundheitsfördernden Wirkung ein-
hergeht wie bei ihren Anverwandten. Vitamine und Mineralstoffe sind üppig enthalten, aber auch die für das
typische Kohlaroma verantwortlichen Senföle. Diese sind
für die leichte Schärfe verantwortlich und stärken im
Gegenzug die Abwehrkräfte.

Kohlrabi schmeckt leicht süßlich und viel milder als andere
Kohlgemüse und eignet sich hervorragend zum rohen Verzehr.

Nicht vergessen sollte man auf die Blätter des Kohlrabi,
die noch mehr Nährstoffe als die Knolle selbst enthalten.
Ob mitgekocht im Kohlrabigemüse oder roh genossen – als
Ergänzung zum Salat, püriert im Smoothie – pushen diese
Ihren Vitamin-, Eisen- und Kalziumhaushalt.

Rhabarber

★ ★ ☆
Anfänger

FEINER
RHABARBER-
KUCHEN

30 Min

+ Backzeit

15 dag kalte Butter
8 dag Staubzucker
20 dag Mehl
2 EL geriebene Kürbiskerne
Salz
½ kg Rhabarber

für die Creme:

3 Eier
10 dag Staubzucker
1 Vanilleschote
125 ml Crème fraîche

Eine Springform (24 cm Durchmesser) mit Butter ausstreichen und das Rohr auf 200 °C vorheizen. Die Butter würfeln und mit den übrigen Zutaten in einer Schüssel zerkrümeln. Die Krümel auf dem Boden der Form verteilen, gut andrücken und 15-18 Minuten vorbacken.

Rhabarber schälen und in 2-3 cm große Stücke schneiden. Eier, Zucker und die ausgekratzte Vanille (bzw. ein Päckchen Vanillezucker) schaumig schlagen und mit der Crème fraîche verrühren. Den vorgebackenen Boden aus dem Backrohr nehmen, die Masse auf den noch heißen Boden geben und die Rhabarberstücke darauf verteilen. Bei 180 °C weitere 40-50 Minuten backen.

Nach dem Abkühlen mit Staubzucker bestreuen.

MAMAS RHABARBER-TOPFEN-AUFLAUF

Zutaten:

Anfänger

½ kg Topfen
10 dag Staubzucker
5 dag Maisstärke
4 Eier
5 EL Zitronensaft
1 Vanilleschote oder 1 Pkg. Vanillezucker
10 dag Kristallzucker
½ kg Rhabarber
Butter und Semmelbrösel für die Form

30 Min

+ Backzeit

Die Eier trennen. Dotter, Topfen, Maisstärke, Staubzucker, Zitronensaft und Vanillemark bzw. Vanillezucker verrühren. Eiweiß mit dem Kristallzucker ausschlagen. Den Schnee behutsam unter die Masse heben.

Rhabarber schälen, in ca. 2 cm große Stücke schneiden und vorsichtig mit der Masse vermischen. Eine ofenfeste Form buttern und mit Bröseln ausstreuen. Die Masse einfüllen und die Rhabarberstücke darauf verteilen. Im vorgeheizten Rohr 40 Minuten bei 200 °C backen.

Entweder noch heiß oder lauwarm servieren und mit Staubzucker bestreuen.

WÜRZIGES SCHWEINSFILET AUF <u>RHABARBER</u>

20 Min

+ Backzeit

Zutaten:

2 Schweinsfilets
1 Handvoll Salbeiblätter
8 Scheiben Prosciutto crudo
8 Stangen Rhabarber
5-6 EL Olivenöl
Salz, Pfeffer

Die Schweinsfilets gut salzen und pfeffern. Salbeiblätter darauflegen, mit den Prosciutto-Scheiben umwickeln und mit Olivenöl beträufeln. Den Rhabarber abziehen, in etwa 10 cm lange Stücke schneiden und in einen Bräter oder in eine Auflaufform legen. Einen Gitterrost oberhalb des Bräters platzieren, das umwickelte Fleisch darauflegen - direkt über die Form.

Die Filets zunächst mit Butterpapier bedecken und im vorgeheizten Rohr bei 200 °C backen. Das Papier entfernen, die Temperatur auf 160 °C reduzieren und weitere 15 Minuten backen.

Alles aus dem Ofen nehmen und etwa 5 Minuten rasten lassen. Das Fleisch in Scheiben schneiden und auf dem Rhabarber anrichten. Dazu passen Bratkartofferl oder getoastetes Knoblauchbrot.

Weil nicht jeder in unserer Familie Rhabarber liebt, gebe ich auch Pfirsiche dazu - jedoch erst in den letzten 10 Minuten der Backzeit.

GENUSS VON DER STANGE

Sein Name kommt aus dem Mittelalter und bedeutet in etwa „fremdländische Wurzel". Kein Wunder, denn der Ursprung des Rhabarbers liegt im Himalaya. Von dort gelangte er nach Europa, wo er seit dem 19. Jahrhundert als Obst genutzt wird. Dies, obwohl er – botanisch betrachtet – eigentlich ein Gemüse ist.

Der säuerlich-fruchtige Geschmack findet Verwendung in Kuchen, Kompott und Marmelade. Insbesondere als Ergänzung zu süßeren Früchten (Erdbeeren zum Beispiel) sorgt er für einen willkommenen Säurekick bei Desserts und Süßspeisen.

In seinen Stielen befindet sich überdurchschnittlich viel Oxalsäure, die dem Körper Kalzium entzieht. Schon beim Schälen, vor allem aber beim Kochen sowie beim gemeinsamen Verzehr mit Milchprodukten kann man diesem Effekt entgegenwirken.

In der Küche wird übrigens ausschließlich Gemüserhabarber (Rheum rhabarbarum) verwendet, für medizinische Anwendungen kommen die Wurzeln des Rheum palmatum zum Einsatz.

Ribisel

JOHANNISBEERE

SCHAUMIGER RIBISEL-AUFLAUF

Zutaten (für 6 Personen):

5 Eier
½ l Milch
12 dag Semmelbrösel
7 dag Staubzucker
1 Pkg. Vanillezucker
15 dag Feinkristallzucker

★ ★ ★
Hobbykoch

30 Min

+ Backzeit

Vier Eier trennen. Die Dotter mit einem ganzen Ei schaumig schlagen, mit Zucker, Milch und Semmelbröseln verrühren. 6-8 EL Ribiselmarmelade (rot oder schwarz) in eine Auflaufform streichen und die Masse darauf verteilen. Im vorgeheizten Rohr bei 160 °C backen, bis die Masse fest wird – das dauert etwa 50-60 Minuten.

Die Eiweiße steif schlagen und den Kristallzucker langsam hinzufügen, bis keine Kristalle mehr zu spüren sind. Ich zerreibe immer etwas Masse zwischen den Fingern, um herauszufinden, ob die Baisermasse schon passt. Den Schnee auf der gebackenen Masse verteilen und weitere 15-20 Minuten backen.

BETÖRENDER SCHWARZER RIBISEL-LIKÖR

Zutaten:

★ ☆ ☆
Laie

1 kg schwarze Ribiseln
¾ kg Kandiszucker
1½ l (guten) Vodka oder Korn

15 Min

Die verlesenen Ribiseln in ein großes Schraubglas füllen, mit dem Kandiszucker bedecken und den Schnaps darübergießen. Verschlossen 6-8 Wochen ziehen lassen, zwischendurch öfter einmal durchschütteln. Durch ein Tuch abseihen und in Flaschen füllen. Verschenken oder selbst genießen!

Die schwarzen Ribiseln haben ein elegantes, herbes Aroma, das sich auf diese Weise wunderbar konservieren lässt.

Wir genießen den Cassis genannten Likör pur (eher nach dem Essen oder zur Kaffeejause) oder aber als Aperitif-Klassiker „Kir Royal". Ganz traditionell werden 2 cl Likör mit Sekt oder Champagner aufgegossen, aber auch mit trockenem Weißwein schmeckt er vorzüglich.

AROMATISCHE RIBISEL-MARMELADE

★ ★ ☆
Anfänger

20 Min

Zutaten:

1 kg schwarze, weiße oder
rote Ribiseln
½ kg Gelierzucker 1:2

Die Ribiseln abrebeln und in
einem Topf mit 2-3 EL Wasser
und dem Gelierzucker zum Kochen bringen. Etwa 5-8 Minuten
leicht sprudelnd kochen lassen
und laufend umrühren. Für die
Gelierprobe einen Kaffeelöffel der Masse auf einen Teller
geben, kurz warten. Sobald die
Marmelade zu stocken beginnt,
kann sie in sterile Schraubglä-
ser abgefüllt werden.

RUND UND G´SUND

Die zu den Stachelbeergewächsen gehörende Ribisel heißt deshalb Johannisbeere, weil sie üblicherweise rund um den Johannistag (24. Juni) reif wird.

Von hell- bis dunkelrot, weiß bis gelb reicht das Farbspektrum der Früchte, die im Geschmack ziemlich ähnlich sind – und auch bei ihren Inhaltsstoffen: viel Vitamin C, Kalium, Kalzium und Eisen, zusätzlich Flavonoide mit antioxidativen Eigenschaften.

Die schwarze Ribisel toppt diese Qualitäten noch und macht der Regel „je dunkler die Beere, desto gesünder" alle Ehre: Ihr Vitamin-C-Gehalt ist rund viermal (!) so hoch wie jener von Zitrusfrüchten, ihre Gerbstoffe fördern die Darmflora. Ihr besonders hoher Anteil an Pektinen bringt nicht nur Marmelade schnell zum Gelieren, sie fördert auch die Verdauungssäfte. Dies tut sie übrigens auch im verarbeiteten bzw. gekochten Zustand.

Für Marmeladen-Freunde ist die rote Ribisel übrigens ein praktisches Helferlein: Ohne den Geschmack anderer Früchte zu dominieren, bringt sie Säure und Pektin ins Spiel. Insbesondere Kirschen, Himbeeren, Felsenbirnen, Maulbeeren und auch Heidelbeeren profitieren von diesem Frische-Kick.

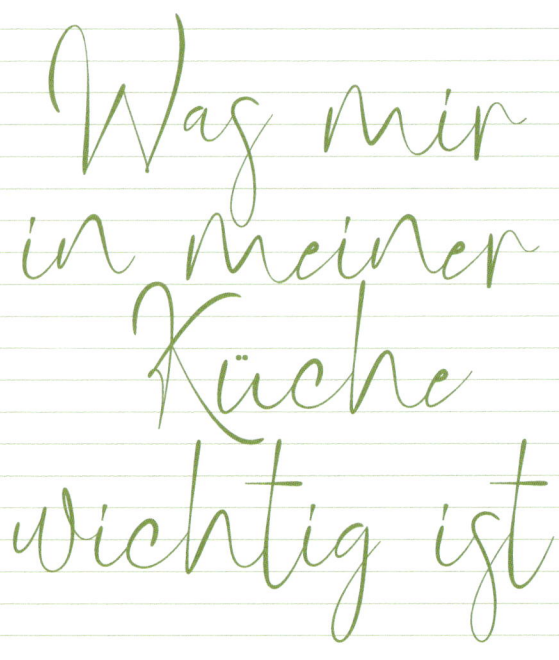

Was mir in meiner Küche wichtig ist

AUFS RICHTIGE "WERKZEUG" KOMMT ES AN

Frische Zutaten und Freude am Zubereiten sind das Eine, aber
ohne das passende Handwerkszeug wird das Kochen selbst für
Geübte zu einer mühsamen Angelegenheit. Gute Messer sind
aus meiner Sicht das Wichtigste in der Küche. Oder haben
Sie schon einmal versucht, eine Zwiebel mit einem stumpfen
Messer in kleine Würfel zu schneiden? Verdirbt die Freude am
Kochen und dauert viel zu lange!

MESSER

Bei den Schneidwerkzeugen kommt es auf die richtige Schneid' an,
wie der Name schon sagt, und dass man diese so lange wie möglich
erhält. Investieren Sie in ein paar gute Teile, denn diese halten
meist ein Küchenleben lang. Das rechnet sich!

ECHT SCHARF

Egal, ob Wellschliff oder glatt – ein Messer gehört niemals (!!!)
in den Geschirrspüler. Die lange andauernde hohe Temperatur rui-
niert jede Klinge und innerhalb kürzester Zeit wird diese stumpf.
Kochmesser müssen mit der Hand gespült werden, am besten nur kurz
und mit wenig Spülmittel.

Natürlich passiert es mir immer wieder, dass ich mich mit einem
Messer schneide. Aber das liegt nicht am Messer – sondern an mir!
Was auch immer es ist – Unachtsamkeit, Hektik, vermeintlicher
Zeitmangel –, inzwischen habe ich gleich neben der Messerlade auch
Pflaster aufbewahrt, für den Fall der Fälle.

DIE QUAL DER WAHL

Das Angebot an Messern ist schier endlos. Aber man braucht nicht
viele, um für die meisten Küchenarbeiten gut ausgestattet zu sein.

BROTMESSER (MIT WELLSCHLIFF)

Dieses Wellschliffmesser kann selbst harte Krumen gut bewältigen
und gleichzeitig zerdrückt es weichere Brote (wie weiße Wecken)
nicht. Es ist vor allem deshalb wichtig, weil man alle anderen
Messer durch das Schneiden von Brot stumpf macht.

KOCHMESSER (GERADER SCHLIFF)

Es ist das wichtigste Werkzeug in der Küche. Die etwa 20 cm lange
Klinge bewältigt Fleisch, Fisch, Wurst ebenso wie Gemüse. Mit ihm
wird Zwiebel schneiden zum Kinderspiel, Kräuter hacken geht im
Handumdrehen und alle anderen Schneidarbeiten sind ein Vergnügen.
Hüten Sie es gut, dann haben Sie lange Freude an ihm.

TOMATENMESSER

Ein eigenes Messer für eine einzige Gemüsesorte? Nun, wenn Sie
diesen feinen Wellschliff einmal in die rutschige Tomatenhaut ge-
ritzt haben, werden Sie es nie wieder hergeben wollen. Auch für
andere Gemüse wie Paprika oder Jungzwiebel ist es für mich unver-
zichtbar.

SCHÄLMESSER

Dieser kleine Alleskönner mit gerader oder gebogener Klinge ist
vielseitig verwendbar. Ich verspreche Ihnen nicht, dass damit das
Kartoffel Schälen Spaß machen wird, aber es geht zumindest leich-
ter von der Hand.

BROTMESSER

KOCHMESSER

TOMATENMESSER

SCHÄLMESSER

Nicht nur, womit man schneidet, sondern auch worauf hat eine
Auswirkung auf die Lebensdauer Ihrer Messer. Schneidbretter aus
Kunststoff (oder gar Glas oder Stein) ruinieren auf Dauer jede
Klinge.

Auch wenn die Verwendung von Küchenbrettern aus Holz immer wieder
diskutiert wird: Mit heißem Wasser und Spülmittel gewaschen und
gut getrocknet sind sie genauso hygienisch. Einige Holzsorten
wirken sogar antibakteriell. Wichtig bleibt, die Küchenbretter
regelmäßig zu ersetzen.